VERMAKELIJKSTE VERZEN

VERMAKELIJKSTE VERZEN

Een bundel van gedichten door Johan Meesters,

waarin o.a. opgenomen gedichten uit het bundeltje

CHURSE VERZEN en andere bespiegelingen

rond het gemis aan gezamenlijkheid uit 2007;

gedichten uit de collectie *BLIJ DAT IK RIJM* uit 2005

en een aantal NACHTGEDICHTEN zoals voorgedragen

tijdens de Nacht van de nacht in 2005, 2006 en 2007.

2016

ISBN: 978-90-825412-0-5

Eerste druk, mei 2016

Uitgever: Leeuwenhof

WAARSCHUWING:

DEZE BUNDEL IS VOORZIEN VAN LEZERHERKENNING

LEZERHERKENNING STELT DE BUNDEL IN STAAT HET AANBOD AAN TE PASSEN AAN DE ALGEMENE KARAKTERISTIEKEN VAN DE INDIVIDUELE LEZER

LEZERS ZONDER UITGESPROKEN KARAKTER KRIJGEN HET ZOGENAAMDE “NEUTRALE AANBOD”VOORGESCHOTELD

ONZE LEZERHERKENNINGSSERVICE VOLDOET AAN VOORWAARDEN ZOALS NEERGELEGD IN DE AMVB INZAKE LEZERHERKENNING EN LITERATUURBEPERKING DD. 14 MAART 2005 VAN HET MINISTERIE VAN ECONOMISCHE ZAKEN

DE MINISTER VAN ONDERWIJS EN CULTUUR HEEFT OP 3 APRIL 2005 VASTGESTELD DAT DE LEZERHERKENNING ALLEEN IN ZEER UITZONDERLIJKE GEVALLEN GEVAAR OPLEVERT VOOR DE VOLKSGEZONDHEID

LEZERS DIE GEEN PRIJS STELLEN OP LEZERHERKENNING VERWIJZEN WIJ NAAR DE WEBSITE WWW.WATJEKUNTBEDENKENKUNJEMAKEN.NL

INDIEN U EEN EXEMPLAAR VAN DEZE BUNDEL AANTREFT WAARBIJ DE LEZERHERKENNING ONKLAAR IS GEMAAKT, DAN WORDT U DRINGEND VERZOCHT DIT TE MELDEN BIJ DE UITGEVER

voor Charline

geef mij een naam
noem mij een zondagsdichter
een ongeletterde ladelichter
maar geef mij wel mijn echte naam

geef mij mijn echte naam
beticht mij van broodschrijverschap
vouw vliegtuigjes van de achterflap
maar noem mij bij mijn echte naam

noem mij bij mijn naam
vergeet dat valse pseudoniem
gebruik toch mijn antroponiem
Johan Meesters, aangenaam

IK KAN MIJN GEDICHT NIET VATTEN

ik kan mijn gedicht niet vatten
regels dwarrelen door mijn hand
en als ik buk om ze te pakken
vind ik slechts woorden zonder verband

ik probeer ze toch te ordenen
alfabetisch, op lengte, op klank
maar de regels blijven rommelen
de zinnen lopen krom en mank

ik kan de woorden niets verwijten
ik zit ze zelf in de weg
geen literaire kwaliteiten…
niet voor dichter aangelegd…

probeer nog eenmaal
zonder grijpen
en zie:
het komt perfect terecht

ZEVEN ZEGELS

ik schrijf u een groot letter boek
recht door zee en onverbloemd
vervaardigd uit gesneden koek
en alles bij de naam genoemd

ik ben tot kleutertaal bereid
en richt mij tot uw kindverstand
want u hebt recht op helderheid
briljant rijmt hier op transparant

en lucide op lumineus
doorzichtigheid voel ik als plicht
doorgrondelijkheid voor alle milieus
klip en klaar en klantgericht

nuchter, puntig en pregnant
recht voor zijn raap en onomwonden
bewust van uw taalachterstand
u heeft het buskruit niet uitgevonden

niet een gestadig gebed zonder end
maar met korte zinnen, korte regels
exoterisch en evident
verbreek ik alle zeven zegels…

…

de zeven zegels…

uit Openbaringen…

de bijbel…

van die God en zo…

niet?

o …

SOMS

soms weet ik
de tijd verslaan
al duurt te
dat maar even
trek dan niets
van mij de aan
grammati-
ca van ’t leven

AMSTERDAM EEN DORP

Amsterdam een dorp
Europa een polder
als ik ween in mijn wijsheid
of kreun in mijn kolder

de werkelijkheid schamel
de waarheid formeel
ze bieden me te weinig
en ze worden me te veel

geen gedachte werkelijk
geen gedachte waar
want wij denken niet
welnee
dat denken we maar

MIJN TANTE DIE HEEFT POEN

mijn tante die heeft poen
wat kan ze daarmee doen?

ze kan de KLM betalen
en spinnen uit Marokko halen
ze kan een tros bananen kopen
en op een mooie zomer hopen
dan groeien de spinnen wel tien keer zo groot!

maar tante wil er niet aan beginnen
want tante is als de dood
voor Marokkaanse spinnen

NATUUR

de natuur is mijn hobby
ik zou niet weten wat ik zonder moest beginnen
van meerdere planten ken ik de naam
ik ben bekwaam in dat soort dingen
ik ken de Huttentut, de Hagedoorn
ik wijs ze zo voor je aan
de Stinkende Dwerg, de Roomse Bol
ik weet ze allemaal te staan

en soms als 's avonds de zon ondergaat
en ik tot mezelf kom bij het knapperend vuur
dan denk ik met een warme blos:
ik ben zelf een stukje natuur!

DE TENT

haar vader had het haar uitgelegd:
die stok moet schuin en die moet recht
na uren geploeter bleef er iets staan
en benaderde zij het eerste plaatje
vrijwel

al die tijd gadegeslagen door de knullen
in de tentjes rondom die niet verhulden
dat haar zwoegen hun veel genoegen
verschafte in plaats dat ze zeiden: dan helpen
wij wel

zij merkte heel goed dat ze haar observeerden
er was er een die zij wel waardeerde
bij het gejuich toen het doek toch bleef hangen
kregen de anderen geen blik van verlangen
hij wel

aan het eind van de dag was de missie volbracht
het tentje stond beter dan ze ooit had gedacht
maar intussen was de liefde ontluikt
en het tentje werd twee weken lang niet gebruikt
zij wel

ZONDER MOTIEF

zoals hij direct na de toet
zich spoorslags naar zijn plek begeeft
en tot het late late uur
met treintjes en met seintjes leeft
en niet zou kunnen zeggen
waarom hij daar plezier in heeft
en wat hem boeit in een landschap
van papier-maché
als je hem vraagt
hij heeft geen idee
praat over tunnels en bruggen
steeds steilere trajecten
steeds kleinere details
steeds mooiere effecten
en nooit over hoe anderen
hem mijden om zijn gekte
en hij anderen mijdt

als een loco (ja zonder motief)
zichzelf in de wielen rijdt

DE SPOTTER

het vliegtuig was een Russische kist
uit 1985
Johan had het uitgevist
en wij vonden het allemaal prachtig
niemand van ons spotte
of dacht dat hij ons bedotte

de kist passeerde op honderd meter
wij de neus strak tegen het hek
dan zag je alles nog beter
en Johan, die werd helemaal gek
begon warempel Russisch te praten
en had het zelf niet eens in de gaten

dan vloog de kist de hemel in
het koude Rusland tegemoet
en wij tegen beter weten in
brachten het beest een warme groet
Johan noteerde de koude feiten
zo heeft ieder zijn kwaliteiten

de volgende dag stond het nieuws in de krant
dat de kist motorpech had gehad
en vroegtijdig was geland
aan de rand van onze stad
de foto toonde de kist wat schuin
geplant in Johans achtertuin

Johan belde enthousiast
en vertelde opgewekt
over zijn onverwachte gast
ging dan over in Russisch dialect
wij hingen op en wilden niet weten
wij hebben toen wél hem voor gek versleten

het is één ding om spotter te zijn
en zaken goed te observeren -
achter een hek en op eigen terrein
en als ze snel passeren
maar op ons eigen lapje groen
hoort niemand interessant te doen

KOMMER EN KWEL

de zusters zijn lief en van goede wil
en er wordt ook wel plezier gemaakt
zoals toen om mijn donorcodicil
en toen ik mijn bril was kwijtgeraakt

maar meestal is het toch kommer en kwel
je hebt niet veel pret in een ziekenhuisbed
ik zit hier niet lekker in mijn vel
vooral waar ze kruisjes hebben gezet

zwaarlijvig tot in mijn medisch rapport
kleinhoofdig, toondoof, geurenblind
mijn zinnen schieten veel te kort
mijn lichaam is mij slecht gezind

dagblind, nachtblind en bijziend
ik pis alleen nog intramuraal
met een hi-tec urineermachien
en dat is niet eens mijn ergste kwaal

mijn darmkanalen zijn gesloopt
en catatonisch dichtgeknoopt
waardoor de druk hoog opgehoopt
tot nieuwe kwakkelingen noopt

blauwzucht, geelzucht, vraatzucht, praatzucht
en er is nooit iemand die met mij praat
men wordt weerhouden door de lucht
van weefselvocht en exsudaat

de ettervorming is niet te geloven
mijn lijf is niet om aan te zien
uitslag en huidsmeer van onder tot boven
en zuchtig en schurftig bovendien

dokter genees deze hypochonder
maak mij met pilletjes weer perfect
verricht voor mij een medisch wonder
doe mij desnoods een placebo-effect

genees deze tragische nosomaan
geef mij een vitaminestoot
en hoor mijn knuppelverzen aan
zolang ik klaag ben ik niet dood

SKIPPY

het spijt de directie zeer
u heeft geen functie meer
uw functie is vervallen
wat was uw functie ook al weer?

als mens waarderen wij u zeer
maar in conjunctureel slecht weer
tellen de kengetallen
meer dan onze goede sfeer

gedane zaken nemen geen keer
u bent de enige niet meneer
het gaat om honderdtallen
en het worden er steeds meer

de directie zit niet bij de pakken neer
en werkt na een cursus doelmatigheidsleer
met uren skippyballen
hard aan een beter bedrijfsbeheer

voor onszelf is het nog meegevallen
maar geloof ons: ons doet het ook heel zeer

LEVEN

het leven
schetst zich
soms summier

had net
op het toilet
een goed begin
een mooie zin

maar weer:
geen papier

HAASST

haast
haast met schrijven
haast
omdat anderen staan te dringen
om het eerder te verzinnen
haast
omdat woorden soms verroesten
waar je bij staat
haast
omdat de dan verkeerde woorden
later weer de juiste zijn

haast
omdat geduld niet is te dulden
haast
omdat het haast is wat je wilt
haast
omdat hiernaast de gaast welhaast is afgegraasd

DRIJF

drijf
en overdrijf
er kan later makkelijker af dan bij

en loop op water
als je snel loopt kun je best op water lopen
als je op water loopt kun je sneller
denken is zinken
zinken houdt maar op

wees kort
wees vlot

NUT

u denkt: wie schrijft die blijft
maar u moest wijzer wezen
u kunt schrijven wat u wilt
ik zal het toch niet lezen

LIEFDESPOËZIE

mocht ik ooit de liefdespoëzie bedrijven
afzien van gezond verstand en rede
alle weekheid openlijk beschrijven
roekeloos een wolk betreden
toegeven aan overdrijven
jouw glans in gouden bogen smeden
effent dat het liefdespad naar boven of beneden?

VOOR GOED VOOR GOUD

begonnen als papier
hoop ik plutonium te worden
via plastic, lood, saffier
en vele andere horden

graag zal ik uit de doeken doen
hoe het allemaal begon
dus eerst de blik maar op katoen
een kleine stap maar naar karton

snel al valt er wat te vieren
met bloemen, fruit en zelfs met zijde
tot gips en ijzer mij ontsieren
in afwachting van betere tijden

bij koper zal ik echt gaan glanzen
al wil ik tin toch niet versmaden
en vindt ook brons als fijne nuance
een plaats in deze stoffenparade

zie hoe ze worden aangepast
tot mooi en duurzaam materiaal
het gips sterkt langzaam tot albast
het ijzer hardt zichzelf tot staal

tevreden schakelen wij aaneen
kristal, saffier, robijn, briljant
diamant en ander edelsteen
als schalmen van de liefdesband

maar ook het bos kan beelden reiken
van simpel hout tot palissander
tenslotte dan in hardhout eiken
sterk als de liefde voor de ander

want wie de ware is wedervaren
gunt men graag zijn jubeljaren

SOMS MISLUKT EEN VERS

soms mislukt een vers

te veel woorden
te weinig woorden

te lange zinnen
te korte zinnen

te veel van buiten
te veel van binnen

te hard
te zacht

te lelijk
te mooi

dan denk ik:
dat is er eentje voor mijn moeder

KON JE GEDICHTEN MAAR NET ALS KOEKJES

kon je gedichten maar net als koekjes
zonder iets te zeggen op een schoteltje leggen
en ze bij de koffie laten rondgaan

kon je gedichten maar net als koekjes
doormidden breken, binnen steken
en dan zachtjes traag vermalen

kon je gedichten maar net als koekjes
vers gebakken in papier verpakken
en in een winkeltje te koop aanbieden

DE DICHTER

de dichter hecht niet echt aan taal
hij leeft en toont zijn levenslicht
de woorden zijn geen doel op zich
maar slechts verpakkingsmateriaal

hij wil met virtuositeit
zijn woordkunst presenteren
maar nooit zijn gaven etaleren
ten koste van de leesbaarheid

hij mag een woord manipuleren
voor dat wat hem voor ogen staat
maar mijdt altijd de overdaad
en weet de franje te doseren

de inhoud is waar het om gaat
wat ook die inhoud wezen mag
en die papieren stofomslag?
niet meer dan een noodzakelijk kwaad

in woordenwindsels fraai geborgd
bereikt de boodschap dan de klant
een enthousiaste geestverwant
die gretig leest en zorgt

dat de letterschat weer wordt ontstrikt
waarna de woordenbrij ontvlecht
weer ordelijk wordt uitgelegd
de boodschap netjes weer geschikt

de dichter heeft zijn consument
met woorden in het hart geraakt
vermaakt en deelgenoot gemaakt
van meer dan wat was neergepend

tevreden rust het dichtersbrein
het nobel handwerk is verricht
voorlopig gaat de pen nu dicht
het is niet altijd Valentijn

H.P.F.
en andere a.d.u.n.k.'s

het had zelfs korter nog gekund
een afk. m.o.m.
maar woorden tot letters uitgedund
geven de lezer soms hinder

ok, het scheelt inkt
en het leest in een wip
maar een woord zo verminkt
leidt al te vaak tot onbegrip

vroeger had het niet gekund

vroeger!
toen wílden de mensen letters schrijven
schreven met plezier een letter meer
om bij de uitspraak dicht te blijven
nooit drukte men het taalverkeer

grootva liet de letters glanzen
grootva gaf ze ruim hun plek
onverkort konden ze dansen
niet geremd door tijdgebrek

maar onze tijd is kort en krachtig
efficiënt in mankement
en waarachtig niet omslachtig
snoeit men woorden o zo prachtig
tot afkortingen die u niet kent

DRAAK

stel dat we de draak niet mochten steken
hij zou onbedreigd door onze buurten zwerven
een lange neus makend naar onze cabaretiers
en met een lange zwiep van zijn staart het schoolplein
leegvegen

GEDICHT

een gedicht schrijft soms zichzelf
maar zichzelf schrijft nooit een gedicht

TEVREDEN

wat fijn als een ander je zegt wat je wilt
bescheidenheid kwijnt
waar de uitdaging jou uit je dagelijksheid tilt
hoe kun je nog ongelukkig zijn?

tevreden op een oor
in je weldadig slaapsysteem
verdwenen lijkt nu elk probleem
en ook na het ontwaken droom je prettig door:

je gevoelige huid gereinigd door
een zuiverend geklater
het totaalverzorgingsprogramma
met verkwikkend fruitwater
verfrissend en continu kalmerend
ervaar de voeding van binnenuit:

in je huis in zomertinten
vind je nieuwe woonaccenten
een sfeervol geheel van woonelementen
die zorgen voor een woonervaring
in natuurlijke materialen:

omringd in die totale beleving
van de ultieme oplossing
krachtig en brutaal
schrompelt je probleem -

ach! een akelig woord

ja, het lijkt wel zo gemakkelijk
maar soms sijpelt werkelijkheid door

SCHULDIGE VERZEN 1

vermoeiend is het dichtersvak
oneindig zie ik dichtershorden
en grijs gesleten toetsenborden

ik zit hier op mijn platte dak
leer leven met dit zongemak
probeer hier slapend rijk te worden

geweldloos naar een ridderorde
een dichter, maar geen maniak

SCHULDIGE VERZEN 2

en dan ga je zitten denken
waarom komt er geen gedicht?
en hoe meer je dan gaat denken
hoe minder er dan komt

die andere Johan komt binnen
heeft het al gehoord
wat hoor ik: is de muze ziek?
inspiratie schiet te kort?
een bemoedigend woord, heel sympathiek
maar moed is niet waar het aan schort

de mussen tsjilpen heel behulpzaam
de prachtigste dichtregels naar mij toe
maar ik kan ze niet verstaan
en onvertaald hier neerschrijven
dat is al eens gedaan

dit is geen stemming
waar je zo maar in kan komen
dit is geen vorm
dit is niet aangenomen
dit is geen motivatie
dit is geen goed waarom
een pijnlijke argumutatie…

de gedachte dat ik bovenstaande
als gedicht heb opgeschreven
staat mij tegen

komt tijd komt verraad

O POËZIE!

o poëzie!

in dit restaurant zo fraai gerestaureerd
heb ik mijn consumptie met smaak geconsumeerd
met genoegen genoeg drankjes gedronken
de geboden vertering vertederd verteerd

ja, laat mij mijn gang maar gaan
ober, hoeveel bedraagt het bedrag?
het spreekt de aangesprokene aan
wij lachen samen een gulle lach

tevreden ga ik de uitgang uit
ik vang een nieuwe aanvang aan
vastbesloten is mijn besluit
een nieuwe toestand toe te staan

ik geef een grote uitgave uit
om mijn schat een presentje te presenteren
ik heb het bij mijn bruid nog niet verbruid
ze zal de waarde zeker waarderen

want geld geldt, zo leert mij mijn verstand verstaan
al heb ik nog veel te leren leren
het staat mijn aanstaande aanstonds aan
gunstige signalen kan ik signaleren

de klank der poëzie ondraaglijk gedragen
beklonken nu: de daad gedaan
weer een geslaagde slag geslagen
ik hef opnieuw mijn aanhef aan

o poëzie!

STOFJE

er zit een stofje op mijn tekst
dat ik in een blok niet kan vangen
het toetsenbord is machteloos
mijn muis heeft zijn staart laten hangen

hier werkt geen enkele bewerking
het lukt mij niet hem weg te halen
tekstverwerken heeft geen zin
de smet houdt stand in alle talen

ik zoek wanhopig naar instructies
hoe ik de *bug* te lijf kan gaan
probeer een batterij van functies
maar 't vlekje blijft hardnekkig staan

het is geen komma en geen punt
maar het ergert mij nu toch
boos beschuldig ik het scherm
van valsheid en gezichtsbedrog

maar ook de ergste verwensing
laat de vlek onaangedaan
de eenzijdige woordenwisseling
maakt schrijven heel onaangenaam

als een verzuurde oude dame
verander ik vergeefs van opmaakprofiel

en toen heb ik maar deze regels getikt
een echt gedicht: dat stofje is mijn ziel

KNOPJES

wat is een rijke fantasie toch fijn
ooit had het nut hele einden te fietsen
het gaf je het gevoel krachtig te zijn
nu zoek je slechts het knopje “krachtig”

ooit wilde je door hard te werken
invloedrijk en machtig zijn
nu zoek je slechts het knopje “machtig”
en krijgt de hele wereld klein

nu reist je televisiebrein
ooit wilde je echte natuur beleven
van heuveltop tot diep ravijn
nu zoek je slechts het knopje “prachtig”

het klikt tussen jou en de techniek
maar op een dag (je weet het) dan stop je
dan wordt alles weer fysiek:
uitgaan zonder knopje

MEER, MEER

Waar is de geldmachine begonnen?
Dollars maken meer dollars maken meer
euro's en die beleggen zich weer:
geef ze koersen van groeiaandelen
waar de waarborgen reeds solide verzekerd
worden betreffende dwaasheden die hun peilingen
presenteren,
en de fondsenwerving binnen het garantievermogen,
en het worden van miljonairs, van miljardairs.

vrij naar Leo Vroman's Voort, voort

ZWALUW

mijn muren houd ik leeg en ruw
ik duld geen teken aan de wand
mijn huis is tegen tekst bestand
heerlijk blank en letterluw

de buurt hier noemt mij woordenschuw
guur volk door woordengloed verbrand
met taal bestraald van rand tot rand
van wiens beblaarde huid ik gruw

voor mij geen boek geen brief geen krant
ik schep mij een schemerschaduw
in dit tekstovergoten verletterde land

schrijver, vergeef mij als ik u wegduw
u schrijft zich de zwellingen op uw hand
maar een zomer maakt nog geen zwaluw

MIJN LIEFDE

uiteindelijk komt steeds het hoge woord eruit
onverdiend heb ik alweer mijn zin gekregen
waar jij niet was zat ik om woorden vaak verlegen
maar waar jij kwam daar schreef ik honderduit

ik ken jou als mijn eigen zonden
vreemd en onbeheerst
diep hierbinnen, ver daarbuiten
steeds vind jij mij eerst

mysterisch vloeit jouw droom om mij
en laat zich naar mijn wens niet schikken
het beste laat ik jou maar vrij
jouw liefde stroomt in onbewaakte ogenblikken

VOETSTAP

als ik denk
aan de plek
word ik gek

de tegels liggen
alsof er niets
is gebeurd

stille avond
klein jochie
naar buiten gelokt

de wereld
met een gouden
witkwast gekleurd

op de neus
een koude vlok

omhoogkijkend
bij de lantaarnpaal

waar duizenden duizelden

de pracht van die nacht schuilt achter een eeuw
verdwenen voorgoed als mijn voetstap in de verse sneeuw

LUCHT

hoog in de lucht
waait nauwelijks wind
de wolken vormen zich
naar eigen welbevinden

statig glijden zij mij langs
hun vorm fraai behouden
netjes in hun droom

maar ik in mijn nietigheid weet
de waarheid die hier weegt

ook hun tijd is morgen vergleden

DOKKUM

ik vond er
een wonder

waar zelfs de bomen vertederen

niets maakt een dichter meer tevreden
dan zich in Dokkum te vertreden

dus kom en sluit de gelederen

hoe meer zielen
hoe meer vreugd
hoe meer er weten:
Dokkum deugt

LAK

een nagel kleur ik liefde
drie nagels kleur ik jou
zes nagels verf ik hemeltinten

achter mijn regenboog
verberg ik mijn wolken
veilig achter mijn kleurenschild

van achter mijn licht
kaatsende wapenrusting
zie ik naar jouw blik

behouden achter dit kunststof hek
weet ik mij even onbevreesd
nog zonder winst maar ook zonder verlies

en jij ziet niet de geest
mijn angsten mijn passie mijn bloementuin

je doet het maar even met de artiest

een nagel kleur ik liefde
drie nagels kleur ik jou
zes nagels verf ik hemeltinten

LUXEMBURG

ik ben met haar naar Luxemburg gegaan
gedaan alsof het mijn stad was
ik kom hier vaak heb ik gezegd
en daar om de hoek is het eten niet slecht

we hebben de hele dag gefietst
gekletst door onze gedachten
ik ben hier graag heb ik gezegd
en heb deze route al vaak afgelegd

ja, de stad is zeker prachtig
gebouwd, fascinerend gelegen
maar al luisterde zij aan mijn zij aandachtig

ik heb het niet over mijn lippen gekregen
want ik ben helaas de taal niet machtig
ik heb in Luxemburg weer gezwegen

BIJ DE VOLTA

hij was een zeer bescheiden dichter
de woorden slopen over het blad
je moest ze echt wel heel goed lezen
maar deed je dat dan had je ook wat

zij was een eenzame dichteres
niemand las haar werk
zij kon zichzelf slecht verkopen
en ze dichtte ook niet sterk

bij de Volta vonden zij elkaar
(in Afrika is dat een rivier)
plotseling zag hij haar daar

en even later zag hij haar hier
ze werden snel een prachtig paar
eendrachtig werkend op één papier

DE JUTTER

de jutter volgt trouw zijn getijdenboek
altijd op zoek naar de vondst van zijn leven
maar hij vindt maar flarden en fragmenten
vindt enkel wat de zee hem wil geven

de jutter volgt braaf het schuim van de vloedlijn
tot zijn voeten te moe zijn om verder te gaan
hij zoekt naar goed van welstand en waarde
maar vindt slechts wat de branding af wil staan

het zijn de armoe en de geldelijke zorgen
die hem elke morgen naar de golven drijven
en beklimt hij het duin om zijn buit daar te borgen
en pakt hij zijn schrift om de vondst te beschrijven

dan heeft hij zicht op een eindeloos strand
en weet hij zich een schooier aan de zelfkant

WELKOM BIJ TEVEELTV

de omroep roept om meer
de presentator lacht
pret en pretentie
‘t is niet echt
‘t is vals
verdacht bedacht
geniaal geregisseerd?
‘t is ongegeneerd geënsceneerd

het toeval en de onschuld zitten braaf in een kooitje, de waarheid ligt verkracht - een schijnheilzaam licht houdt haar uit zicht en op de achtergrond leggen de oprechtheid en de echtheid het loodje

THEOLOGICUM

de Heilige Geest vertoonde zich aan mij

Hij zei dat ik een wens mocht doen

ik wenste:

kunt U niet een eind maken aan al die godsdienstflauwekul?

de volgende dag keek ik trillend van verwachting in de krant

jammer

van de Heilige Geest kun je ook al niet op aan

SCHAARS

schaars zijn onze uren
wat in twaalf woorden kan
moet geen dertien

GEEN GEDICHT

ik geef u geen gedicht
maar slechts een lijst
met dode woorden

de woorden van het gedicht
in precies de volgorde waarin ze voorkomen
in het gedicht
op de plek waar u ze zou kunnen vinden
in het gedicht

gezet in juist de letterset
van het gedicht
en net als
in het gedicht
staan de regels afgebroken

ook hier staan woorden als spoken
dus zwijg ik verder als het graf
mijn gedicht geef ik niet af

SONNETTE

mijn liefde voor Sonnette
was echt en diepgevoeld
zoals zij mijn tong in beweging zette
ik heb gekwijld, gekweeld, gejoeld

om op mijn piek een punt te zetten
tot elk woord klonk zoals bedoeld
en het koppel klamme coupletten
als knellende kleding was afgewoeld

met lak aan literaire wetten
heb ik alle lyriek uit haar hersenen gespoeld
al raakte na complexe sextetten
haar liefde wel eens wat bekoeld

je moet zo op je woorden letten
bij leuterkoek op lust gestoeld

TIRADE

hofdichters in uw dichtershof!
niets is eindiger dan uw faam
toch slechts in leen verkregen
ik stamel liever onbekwaam
in sloppen en in stegen
dan bevoorrecht en voornaam
mijn ornamenten uit te hangen
in de urinoire pronkfontein
van klaterend volksverlangen
op uw Grote Namen plein!

GORDELGEVOEL

Van Wissen, dichter des vaderlands
in mijn krant kom ik u niet tegen
uw bundel koop ik wel derdehands
ik zit niet om rijmpjes verlegen

en zoek niet op platgetreden wegen
naar rijmschema's slap en aftands
Groningen is mij te verafgelegen
Van Wissen, dichter des achterlands

we kiezen straks wel weer onderhands
een experimentele, hoogst originele
onleesbare dichter des vaderlands
wiens drankzucht geen hond wat kan schelen

MAN IN DE STRAAT

kiest niet voor prollige prevelpraat
schermt niet met moeilijke termen
maar zegt direct waar het op staat
hij is van de straat en zal schermen

met percentages met drie decimalen
die als hommages aan de volksschrijver
de Orde van Populariteit bepalen
kijkcijfer, leescijfer, geloofsijver

gutst in de Godsdienst van Genot
rijmknutselaars elk uur op de buis
voor kunstenaars een verschijningsverbod
weg met de gortdroge boekenluis

geef alles een plek in een rij of kolom
de heldengalerij van de man in de straat
hij weet: het gaat helemaal nergens om
maar nergens is waar het om gaat

wie is de grootste dichter hier?
en wie de populairste god?
wie geeft het meeste leesplezier?
wie schrijft er enkel voor Piet Snot?

UITDRUKKING

op school was taal mijn beste vak
maar nimmer heb ik een varkentje gewassen
noch zag ik ooit een geslagen hond
of kwam ik thuis met een kat in de zak

onmogelijke dieren weggekropen in schoolboeken van
nijvere jongens en meisjes en daar stevig vastgedrukt,
geklemd tussen tekendozen en rijk geïllustreerde agenda's,
vergeefs wachtend of ze ooit nog zullen worden losgelaten in
een stadsplantsoen bijvoorbeeld of tenminste dan door
dappere vrijwilligers bevrijd en per dierenambulance naar
een passend einde gebracht…

ze hebben minder kans nog dan mijn hoofd
dat ik nog nooit op hol zag slaan
mijn oren die ik nooit liet wassen
of mijn tanden die men nooit heeft horen knarsen

onmogelijk lijf waar ik allang niet meer in zit - stukken van mij
op straat gevallen en door schooiers opgeraapt en opgezet
en helemaal verkeerd opgevat, als deurstop gebruikt en om
gaten op te vullen zonder dat iemand ziet dat ze echt
helemaal op zijn en niet passen…

steeds om mij heen zie ik woorden bezwijken
een beetje zoals Mozes golven zag wijken
nieuw leven wil ik aanvoeren
maar ik ben slechts kletsmajoor
in een leger vol van lijken

AF

3
was mijn tijd maar bijna op
het zou een teken zijn
ik zou mijn aandacht beter richten
over het dode punt kunnen raken
geen geneuzel, geleuter, sociale plichten
ik zou iets kunnen verrichten

2
en was mijn geld maar bijna op
het zou een zegen zijn
ik zou mijn leven beter vullen
geen geld meer voor onbenullige zaken
geen reisjes, etentjes, dure spullen
ik zou dit gedicht dan af kunnen maken

1
…

GEPAKT

hoe kan een vrouw haar man begrijpen
als ondanks alle voorspoed
hij er tussenuit zal knijpen
zodra het moment zich voordoet?

bedenk hoe diep het hem ook raakt
dat zij zodra de dag zich aanbiedt
zich ijlings uit de voeten maakt
en nooit meer naar hem omziet

hoe kunnen kinderen accepteren
dat hun ouders ervandoor gaan
hun weegs gaan en hem smeren,
wegvallen en niet opstaan?

ons allen wacht de noorderzon,
de aftocht en de stille trom
er is geen omweg, geen pardon
wij gaan allen het hoekje om

u weet niet waar, maar uw ticket ligt klaar
u bent al gepakt en ten gronde gericht
voor de goederenafgifte meldt u zich daar
verder niets nodig: wij reizen licht

epiloog:
de dichter wil u met woorden schaken,
uw leven met fraaie klanken verlichten
de leegtes met goede gedachten dichten
maar mooier kan hij het niet maken
ook zijn naam staat straks in de doodsberichten
rest ook hem de rust van het nimmer ontwaken

BLIJ DAT IK RIJM

Gedichten over het genot van zelfopgelegde rijmdwang

BLIJ DAT IK RIJM

‘t is niet de inhoud van een woord
maar meer de klank die mij bekoort
betekenis betekent niks
van belang is hoe het hoort

wat mij boeit is het gebaar
diepe zin neem ik niet waar
de vorm is de norm
als het klinkt dan ben ik klaar

krachtig prachtig machtig rijm
breng het meisje snel in zwijm
voer haar klank in dwingende maat
bespaar haar het wijsgerig gepraat
het oeverloos gemijmer
van sommige rijmers
die niet weten waar het echt om gaat

het vinden van de juiste toon
maakt al wat vuil is wonderschoon
mijn geheim is rijm
de dichterskroon mijn vindersloon

ERKENNING

de rijmdienst der Gemeente
stuurt mij een dichtvergunning
hun goede keuring vult een leemte
een droom gaat in vervulling

vrij waart nu rond mijn rijmzucht
verlost van al dat clandestiene
ik dicht nu blij en opgelucht
mijn brood nu eerlijk te verdienen

ik slijt mijn literaire werken
nu getooid met ambtelijke zegen
ik hoef mij niet meer in te perken
nooit mijn woorden meer te wegen

mijn kroon zal mijn geluid versterken
nu niet langer meer gezwegen!

EEN ECHT GEDICHT

een voordeel van gerijmde zinnen
die men in het hoofd wil sluiten:
je leert ze snel van buiten
maar een echt gedicht leer je van binnen

echte dichters rijmen niet
een borrelend brein heeft niet de tijd
te zoeken naar een woord dat rijmt
een dichter is geen zielenpiet

men vraagt toch ook de zon niet
zijn licht ritmisch te verdelen?
en komen dichterlijke beelden
slechts tot recht in een strofelied?

een echte dichter van professie
houdt gedichten strak en rank
en doet ter wille van de klank
geen enkele concessie

u ziet toch wel dat rijm met name
het creatief proces vertraagt?
welkom bij het dichtexamen
u bent feestelijk gezakt

DE RIJMER

zijn verzen en hij zijn niet onaardig
hij brengt lezeressen soms in zwijm
zijn methodes zijn merkwaardig
maar dat valt onder het beroepsgeheim

met klank en beeld maakt hij vaardig
een ware tweecomponentenlijm
die maakt wat er staat geloofwaardig
beklonken, gebald door dwingend rijm

hij weet woorden te verbijzonderen
door ze te rijmen op elkaar
maar hij verricht beslist geen wonderen

de man is handig dat is waar
hij weet de kluit goed te bedonderen
maar het maakt hem nog geen kunstenaar

RIJM IS JUIST MOOI

rijm is juist mooi
al zijn er die het verwarren
met poëzie van laag allooi

men ziet hun blik verstarren
als het eerste rijmwoord klinkt
wil die dichter hier ons sarren?

hij die onze kunst verminkt
walgend gooit men het vers terzijde
als een oude sok die stinkt

rijm lijkt iets van vroeger tijden
uitgekauwd en afgedaan
iets om ernstig te vermijden

ik voor mij hecht er juist aan
die rijmkunst trouw te dienen
en dan maar niet op chic te gaan

mijn loon: de steeds weer onvoorziene
richting die mijn vers zich kiest
rijmdwang is mijn cafeïne

mijn pep mijn vreugdevol en triest
vervolg golvend op de trotse taal
waar een ander zich verliest

in een kaakloos kletsverhaal
mijn gedicht raakt niet uit de plooi
rijmen is juist mooi!

SONNET VAN HET TERLOOPSE RIJM

veel dichters hebben zich bekwaamd
in het afbreken van zinnen
dan kan wie voor het rijm zich schaamt
snel een volgend vers beginnen

waardoor van eindrijm hoegenaamd
niets wordt gemerkt, wat binnen
dichterskringen – veronaangenaamd
door rijmnood – snel veld zal winnen

nu het toch al niet betaamt
zich op de rijmkunst vast te pinnen
veel van wat heden wordt uitgekraamd

moeten zij die poëzie beminnen
haten al wordt het zelden beaamd
of zeg ik dit uit kinnesinne?

ALLES RIJMT

alles rijmt
en wordt gerijmd
geen plaats voor onvolkomenheden

alles heeft een reden
alles is gestuurd
en stuurt

CHURSE VERZEN

en andere bespiegelingen rond het gemis aan gezamenlijkheid

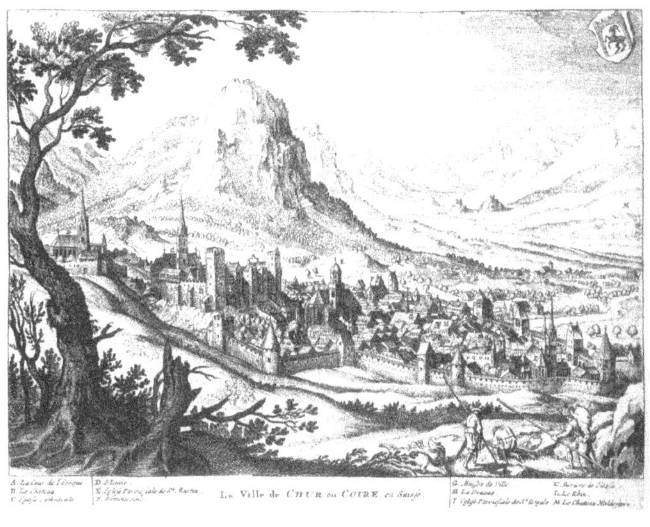

STUK

als een meeuw
langs de snelweg
op een lichtpaal
20 meter hoog
staat de Chur
te pronken op historisch licht
zichzelf toegedicht
door nijvere wroeters
in Koeterse klei
100
500
20000
de eeuwigheid voorbij

een scherf
een splinter
narigheid van museale kwaliteit

ach beste Chur
uw documenten zijn vergeeld
u bent al jaren uit het beeld
wie maakt zich om verleden druk
uw heldenrol is uitgespeeld

uw stuk is stuk

KOM NAAR CHUR

kom naar Chur
men heeft een bibliotheek
met soms zeer oude boeken

er komen interessante mensen
die de Churse wijsheid zoeken

en wereldvreemde Churgangers
die hun eigen land vervloeken

doen graag voor u de Chur-cultuur
uitvoerig uit de doeken

ook kunt u ieder uur
het Musée de Chur bezoeken

rekruten van het Chur-korps
waken over u op bijna alle hoeken

proef het nationaal gerecht:
een schotel van zeekoekoeken

openbaar vervoer is gratis hier in Chur
en men houdt voortdurend marktonderzoeken

vermijd de wolven van West-Friesland
ontloop de drukke city-tour
kom als stel of kom met niemand
kom
kom snel
kom snel naar Chur

GA NIET NAAR CHUR

ga niet naar Chur
daar lopen honden los
en mensen spreken soms een vreemde taal

de burgemeester rookt een pijp
en roert nog in de oersoep
in de keuken van Churs proeflokaal

ga niet naar Chur
men speelt daar fluit
en doet aan boomverering

de winkelier op het Churplein
sluit jodelend zijn deur
zodra uw oog valt op zijn nering

de Churen kennen geen allure
en waken stuurs over
de schaarse Churse schonen

parkeer nooit uw voiture in Chur
de dienders altijd op de loer
stelen uw laatste Churse kronen

trotseer de beren van Bretavna
bedwing de jungle van Tampoer
doorsta tropische martelingen
maar ga nooit
ga nooit
naar Chur

DE CHURSE

de Churse kreeg zeer veel naar haar hoofd
dat zij slechts zelden wilde bieden
de trut bleef kop van jut
stug, stuurs en helaas timide

haar schoonheid maakte schele ogen
bij het vrouwvolk van mijn moederstad
maar deernis wekte haar spraakvermogen
en haar gebrekkige woordenschat

de jeugd gaf haar een vuile mond
en waste haar de oren
als zij eens van zich af kon bijten
zij zouden haar niet storen

een ander maakt een lange neus
tegen liederlijke lieden
en zou die guiten de oren laten tuiten
maar de Churse zij werd bloednerveus
en stamelde dan stupide

de kerels zaten op haar nek
en hielden hun fatsoen soms niet
funest was dan haar taalgebrek
de weg kwijt in ons taalgebied

slechts thuis in eigen kring
bij ouders man en kinderen
daar duldde zij geen belediging
en was zij nooit de mindere

de Churse was wel goed gebekt
maar slechts in eigen dialect

WAARHEID

men limiteert en demarqueert
men kavelt en men bakent
maar tussen grenzeloos en oeverloos
tussen bemeten en bekrompen
ligt een waarheid afgetekend klein
niet in tractaten weggezonken

KOETERSE BOYS FOREVER

koeterse boys forever
kracht vernuft en snelheid
behendigheid en kunst
lenigheid en felheid

wij steunen onze helden
op alle voetbalvelden
klasbakken allemaal
vanaf het eerste fluitsignaal

ze brengen ons in vervoering
en zelfs tot ontroering
koeterse boys forever
zo’n club verlaat je never

ONTAARDINGRAP

het Churse team
zijn tackelaars
rekenaars
slome duikelaars
schwalbers
laten zich vallen
de kwallen
die ons plezier vergallen
met ziekenhuisballen
in plaats van te knallen
’t zijn tenenschoppers
hakkentrappers
goaltjesdieven
dameskappers
jankmuilers
huilers
opruiers
afhouders
klevers
zuigers
je weet dat het tuig is
voor wie er nooit gejuich is

matennaaiers
gajes
je weet dat het waar is
kreuners
zigeuners
korfballers
zwalkers
klunzen
knoeiers
broddelaars
prutsers
sukkels
ploeteraars
hakkers
stakkers
volksverlakkers
laat ze oprotten
domme morkanen
we gaan met ze spotten
die schoppers moet je droppen!

WOEST

niemand vond ons lief
en dus geraakten wij
na ons charmeoffensief
verstrikt in blinde razernij

wij beten mensen in de hand
die wij daarvoor nog wilden likken
wij maakten scènes en lawaai
en kinderen aan het schrikken

wij zwierven door het woeste land
en hadden niets goeds in de zin
hun overtuiging sneed geen hout
en dus de beuk erin

men had het aan zichzelf te wijten

SLOT

zij strijden tweedimensionaal
als ridders op getinte velden
zij leven als in een verhaal
en wanen zich geprinte helden

zij rijden bijna verticaal
tot - aan de einder van het gedicht
bij de eerste zonnestraal
hun roem verpulvert in wit licht

zie de horizon horizontaal
hoor de taal hun lot bezingen
dichten kunnen we allemaal
maar niemand kan de dood bedwingen

NACHTGEDICHTEN

Gedichten geschreven voor de Nacht van de nacht
(Zeeuws-Vlaanderen, 2005 – 2007)

luister
in het duister
op een duin
naar een dichter

poëzie is zoveel lichter
zonder licht
zonder zicht

honger
in het donker
naar het wonder
van de taal

kom in onze sterrenzaal
luister naar ons nachtsignaal
welkom, welkom, allemaal!

GERUCHT

na het snorren en horren
het gonzen en grommen
het ronken en brommen
het denderen en dreunen
het rommelen en donderen

na het zoemen en zoeven
het ruizen en suizen
het plonzen en bonzen
het ratelen en rollen

het getik en geklik
het gepiep en gegier
het geraas en geblaas
het gestommel en gedaver
het gerinkel en gekinkel
het geknerp en geknars
het geknetter en gekletter
het geschetter

is de stilte
naar wij hopen
meer dan een gerucht

NACHTAZERS

nachtazers welkom
u die de nacht braakt
discipelen van Lucifer
deel met ons de nachtgedachte

angsthazen keer om
vanavond gaat het dak eraf
dit is geen nacht voor wie verlichting zoekt
de schelheid van een kleurengloed
dit is geen nacht voor wie de stilte niet verdraagt
zich liever binnensluit in wangeluid
gerammel, gerinkel, geroezemoes

nachtazers kom! de nacht is van ons
zie niet om
horen en zien zijn ons allang vergaan
wij kiezen de ruimte onomfloerst
onze wil doet de nevel verdwijnen
geen angst voor sterrenregen

dit is de nachtorder:
laat de lafheid bij de stakkers
vannacht is de ruimte van ons
en wij zijn van de ruimte
onze ogen zijn onze fakkels

wij koesteren de stilte van nacht en ontij
een enkele komeet scheert langszij
maar dat hoort erbij
het is het licht dat de schaduw verhoogt
zoals die enkele nachtdichter
die liefdevol wordt gedoogd

vrij naar Heinrich Heine (Nachtgedanken)

denk ik aan Zeeland in de nacht
dan is de slaap vergeefs betracht
ik kan niet meer de ogen sluiten
en mijn tranen hebben tuiten

denk ik aan Zeeland in de nacht
dan staat mijn hoofd niet meer op wacht
dan gaat mijn hart zich luid te buiten
Zeeland doet meer dan tien therapeuten

NACHTDICHTER

wat ik voel?
een grasspriet zal ik voelen
een dwarrelend blad op mijn zomerhuid

zintuiglijk schiet mijn hand ernaar
en corrigeert

wat ik hoor?
ik hoor wat zinloos ruist
een schreeuw die niet naar mij
maar die mijn oor wel registreert

en wat ik zie
het leegste licht
het lelijkste grijs

mijn kijkers zijn gretige grijpers
naar onbegrepen flitsen
nodeloze pixels

mijn bloed stroomt donker uit het oog
mijn hart stoot dof en doof
het diepste geluid is onhoorbaar

ik blijf voor wat mij drijft
doorgaand ongevoelig

dagdichters vind je overal
het fijnste licht is onzichtbaar

WEG

je kunt een visie hebben
en een luisterend oor

maar als doven om je heen gaan staan
opspringen
hun armen zwaaien
in wilde weg hun lege ogen sperren
en schreeuwen
je aaien
je doen schrikken
en dan weer aaien

als je vingers voelt prikken
in je oor
monden ziet schreeuwen
in je oog
kleuren hoort flitsen
op je huid

dan rest je niets
dan ogen om neer te slaan
handen voor het gelaat
duimen op de oren

dan rest je niets dan

blind
doof
geraakt

een eigen
weg te gaan

WIM WEUNSEL

omdat het nooit meer donker wordt
en nooit meer stil
heeft Wim Weunsel
zijn ogen uitgestoken
zijn oren dichtgestopt
om weer zichzelf terug te vinden

maar wat hij vond
het was niet Wim Weunsel.

IUS PRIMAE NOCTIS

hij was een heer en vooral dé heer
dus deed hij wat er werd verwacht
hij eiste van zijn horigen elke keer
de eer van de eerste huwelijksnacht

het ging dan niet om het slapen
maar om de echtelijke plichten
nu was helaas zijn wapen iets te klein geschapen
om al te veel schade aan te richten

toch liet hij zich voorstaan op een machtige roede
hoe kaler jonker, hoe groter pronker
maar hadden de bruiden geen vermoeden?
gelukkig voor hem was het pikkedonker

PAKLIJST

lampyrus noctiluca
lucifers, een kaars
lampjes, batterijen
fakkels, kabels, kandelaars

fosfor, kwik, magnesium
zwaailicht, glimhout, toorts, carbid
flambouw en pikstok, natrium
vergeet mijn eigen ogen niet

handdynamo, oliepit
knijpkat, looplamp, bunsenbrander
gloeidraad, treksnoer, waterkabel
misschien de ogen van een ander

luster, kwarts, een bliksemschicht
gloeikous, luchter, spotgedicht
alles bij me om te rijmen
op mijn zoektocht naar het licht

Voor meer informatie over Johan Meesters en zijn publicaties:

www.johanmeesters.nl

INHOUD

BLIJ DAT IK RIJM

CHURSE VERZEN

NACHTGEDICHTEN

INDEX

www.ingramcontent.com/pod-product-compliance
Ingram Content Group UK Ltd.
Pitfield, Milton Keynes, MK11 3LW, UK
UKHW021653190726
13853UKWH00001B/239

9 789082 541205